Impressum
Verlag: BABADADA GmbH, Nedderfeld 112 , 22529 Hamburg
Geschäftsführer / Verlagsleitung: Harald Hof
Druck: Books on Demand GmbH, In de Tarpen 42, 22848 Norderstedt

Imprint
Publisher: BABADADA GmbH, Nedderfeld 112 , 22529 Hamburg, Germany
Managing Director / Publishing direction: Harald Hof
Print: Books on Demand GmbH, In de Tarpen 42, 22848 Norderstedt, Germany

школа

baruumsaa

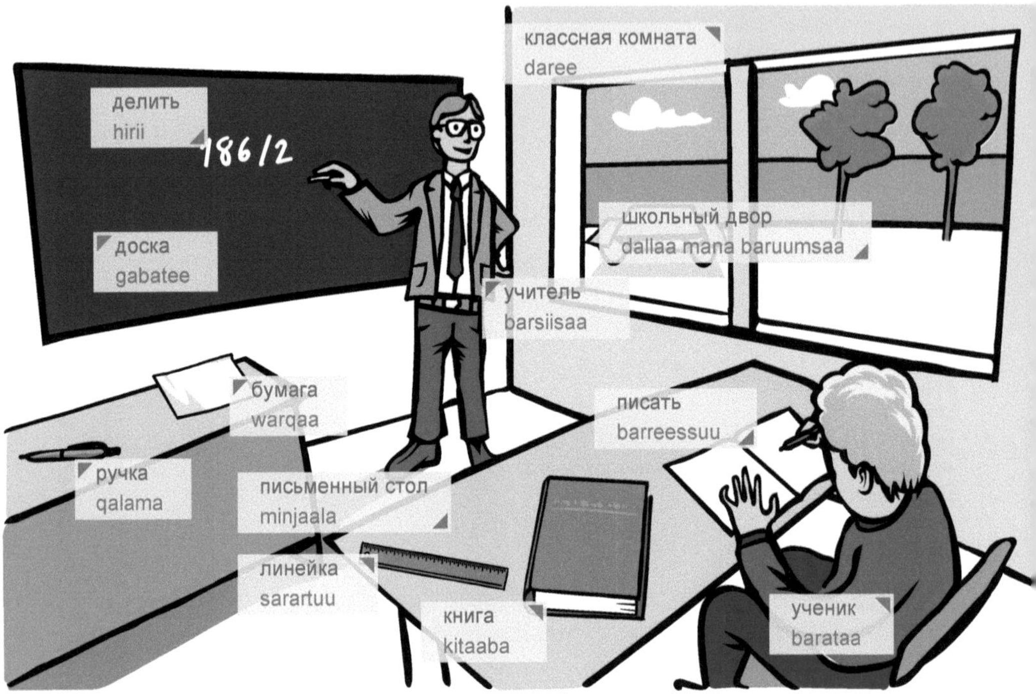

классная комната
daree
делить
hirii
186/2
доска
gabatee
школьный двор
dallaa mana baruumsaa
учитель
barsiisaa
бумага
warqaa
писать
barreessuu
ручка
qalama
письменный стол
minjaala
линейка
sarartuu
книга
kitaaba
ученик
barataa

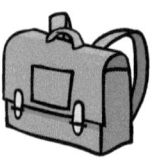

ранец

korojoo baattamu

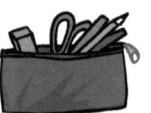

пенал

teessoo irsaasii

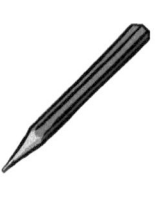

карандаш

irsaasii

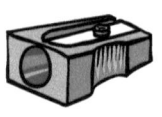

точилка

qartuu irsaasii

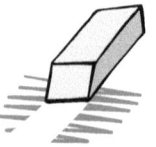

ластик

haqxuu

альбом для рисования

paadii fakkii

рисунок

fakkii

кисточка

burusha halluu

коробка красок

saanduqa halluu

ножницы

maqasa

клей

maxxansituu

тетрадь

daftara

домашняя работа

hojii manaa

цифра

lakkoofsa

прибавлять

ida'ii

вычитать

hir;isi

умножать

bay;isi

считать

heerregii

буква

xalayaa

алфавит

tarree qubee

слово

jecha

текст

kitaaba barataa

читать

dubbisuu

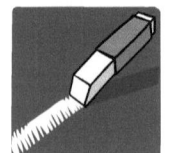

мел

biroonkii

урок

baruumsa

классный журнал

galmeessuu

экзамен

qormaata

диплом

raga barreeffamaa

школьная форма

uffata mana baruumsaa

образование

barnoota

энциклопедия

insaaykiloopeediyaa

университет

yuunivarstii

микроскоп

maaykiroos kooppii

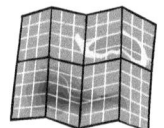

карта

kaartaa

корзина для бумаг

qircaata gatoo

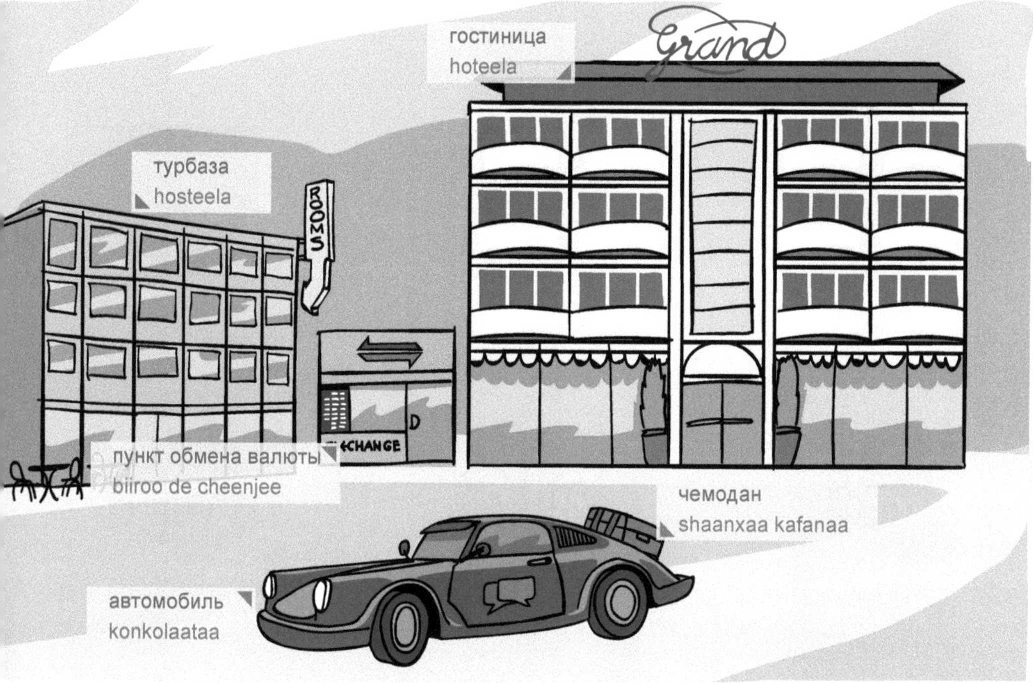

гостиница
hoteela
Grand
турбаза
hosteela
ROOMS
пункт обмена валюты
biiroo de cheenjee
чемодан
shaanxaa kafanaa
автомобиль
konkolaataa

язык
afaan

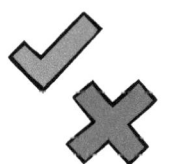

да / нет
eyyeen / mitii

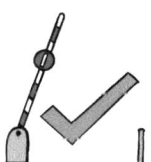

хорошо
haa ta'u

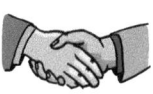

Привет
heloo

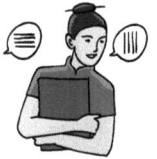

переводчик
turjmaana

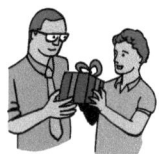

Спасибо
galatoomaa

Сколько стоит...?

meeqa

Я не понимаю

naaf hingalle

проблема

rakkoo

Добрый вечер!

akkam ooltan

Доброе утро!

akkam bultan?

Доброй ночи!

halkan gaarii

До свидания

nagaatti nagaatti

направление

kallattii

багаж

ba'aa imalaa

сумка

korojoo

рюкзак

ba'aa dugdaa

гость

keessummaas

комната

kutaa

спальный мешок

korojoo hirriibaa

палатка

dukkaana

туристическая информация
odeeffannoo turistii

пляж
qarqara haroo

кредитная карточка
kireedit kaardii

завтрак
ciree

обед
laaqana

ужин
irbaata

билет
tikkeetii

лифт
liiftii

почтовая марка
chaappaa

граница
daangaa

таможня
barmaatilee

посольство
embaasii

виза
viizaa

паспорт
paasspoortii

транспорт
geejiba

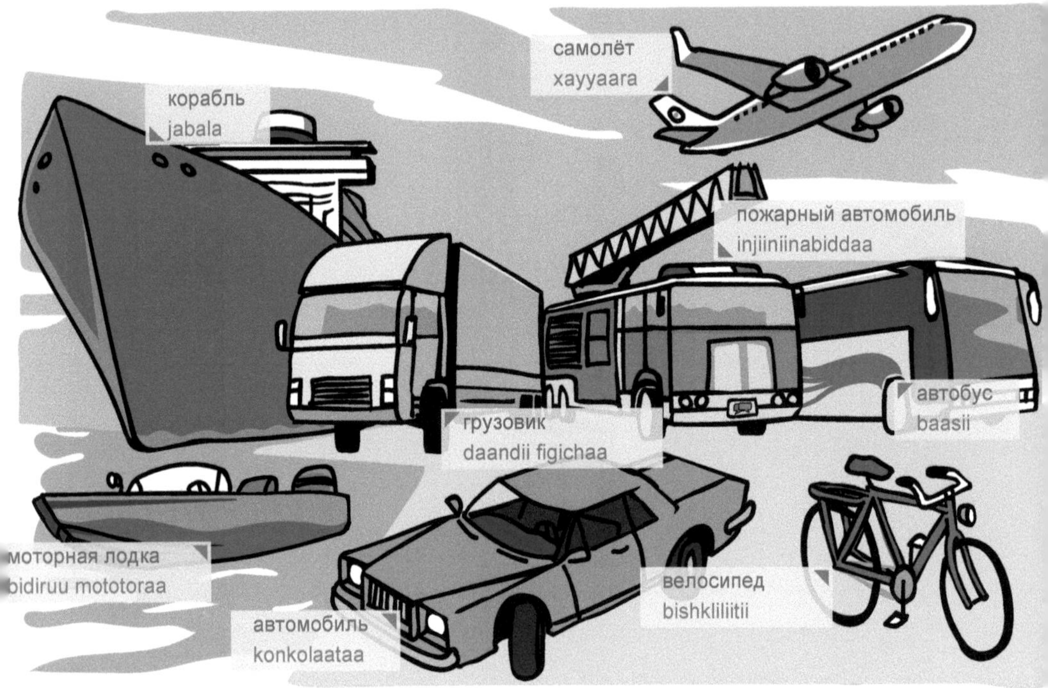

самолёт
xayyaara
корабль
jabala
пожарный автомобиль
injiiniinabiddaa
автобус
baasii
грузовик
daandii figichaa
моторная лодка
bidiruu mototoraa
велосипед
bishkliliitii
автомобиль
konkolaataa

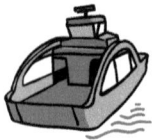

паром
bidiruu deeddebii

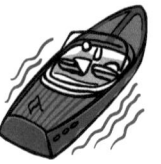

лодка
bidiruu

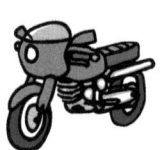

мотоцикл
doqdoqqee

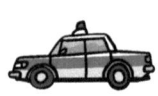

полицейский автомобиль
konkolaataa foolisaa

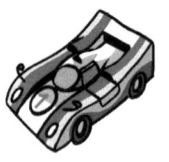

гоночный автомобиль
konkolaataa dorgommii

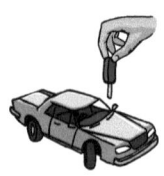

арендованный автомобиль
konkolaataa kiraa

совместное пользование
автомобилями

konkolataa waliin gahuu

буксировочный
автомобиль
marsaa boqqoonna

мусоровоз

daandii dhorkaa

двигатель

motora

топливо

boba'aa

заправка

buufata boba'aa

дорожный знак

mallattoo tiraafikaa

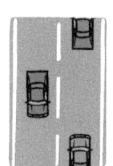

движение

tiraafika

пробка

cuccufaa daandii
konkolaataa

автостоянка

dhaabbii konkolaataa

вокзал

buufata baburaa

рельсы

konkolaataa guddaa

поезд

baabura

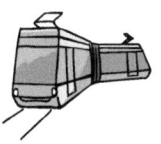

трамвай

baabura eleektirikaa

вагон

gaarii fardaa

вертолёт

helikooftara

аэропорт

buufata xayyaaraa

вышка

qooxii

пассажир

keessummaa

контейнер

konteenara

коробка

kaartunii

тележка

gaarii

корзина

qirccaata

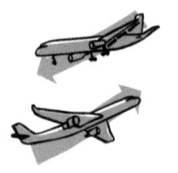

взлетать / приземляться

barrisuu / qubachuu

город

magaalaa gudaa

деревня

araddaa

центр города

handhuura magaalaa

дом

mana

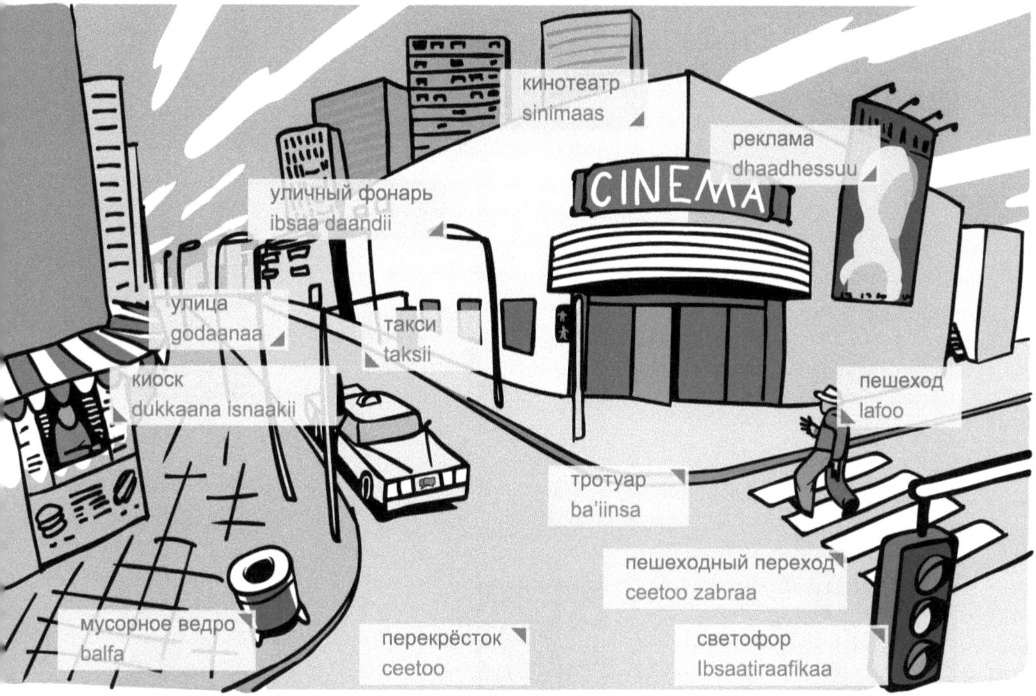

кинотеатр
sinimaas
CINEMA
реклама
dhaadhessuu
уличный фонарь
ibsaa daandii
улица
godaanaa
такси
taksii
киоск
dukkaana isnaakii
пешеход
lafoo
тротуар
ba'iinsa
пешеходный переход
ceetoo zabraa
мусорное ведро
balfa
перекрёсток
ceetoo
светофор
Ibsaatiraafikaa

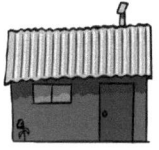

хижина

godoo

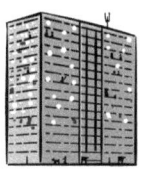

квартира

diriiraa

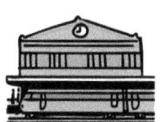

вокзал

buufata baburaa

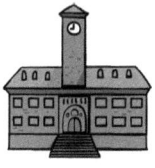

ратуша

galma magaalaa

MUSEUM

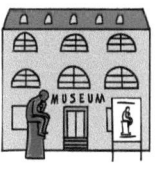

музей

muuziyeemii

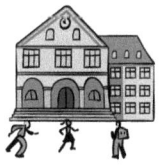

школа

baruumsaa

университет

yuunivarstii

банк

baankii

больница

hospitaala

гостиница

hoteela

аптека

mana qorichaa

офис

waajjira

книжный магазин

dukkana kitaabaa

магазин

dukkaana

цветочный магазин

gurgurtuu abaabo

супермаркет

suppar maarkeetii

рынок

gabaa

универмаг

kuusaa dame

торговец рыбой

kiyyeessituu qurxxummii

торговый центр

giddu gala gabaa

порт

buufata galaanaa

парк

paarkii

скамейка

tessoo dalgee

мост

riqica

лестница

sibsaabii

метро

Lafa jala

тоннель

holqa

автобусная остановка

buufata konkolaataa

бар

baarii

ресторан

mana nyaataa

почтовый ящик

saanduqa poostaa

табличка с названием
улицы

mallattoodaandii

паркометр

idoo dhaabbii konkolaataa

зоопарк

dallaa beeladaa

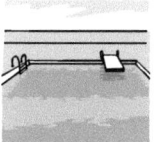

бассейн

haroo daakkaa

мечеть

masgiida

ферма

qonna

загрязнение окружающей среды

faalama

кладбище

iddoo awwaalchaa

церковь

charchii

детская площадка

dirree taphaa

храм

siidaa

ландшафт

teechuma lafaa

лист
baala

дорожный указатель
maxxansa beeksiisaa

дорога
karaa

луг
huruufa magariisa

камень
dhakaa

дерево
muka

путешественник
nama lafoo deemu

река
laga

трава
mrga

цветок
abaaboo

долина

sulula

гора

tabba

озеро

hara

лес

bosona

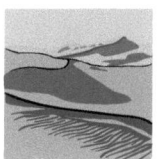

пустыня

gammoojjii oo;aa

вулкан

dhooyinsalafaa

замок

masaraa

радуга

sabbata waaqqaa

гриб

jaarsa marqoo

пальма

muka teemiraa

комар

bookee busaa

муха

balali'uu

муравей

mixii

пчела

kanniisa

паук

sarariitii

жук

boombii

лягушка

hurrii

белка

shikookkoo

еж

xaddee

заяц

beelada illeentii fakkaatu

сова

jajuu

птица

simbira

лебедь

daakkiyyee

кабан

ifaannaa

олень

godaa

лось

godaa ameerikaatti argamu

плотина

riqicha

ветряной генератор

tarbaayinii buubbee

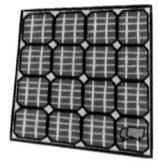

солнечная батарея

panaalii soolaarii

климат

haala qilleensaa

ресторан

mana nyaataa

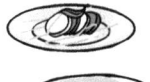

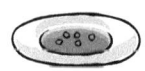

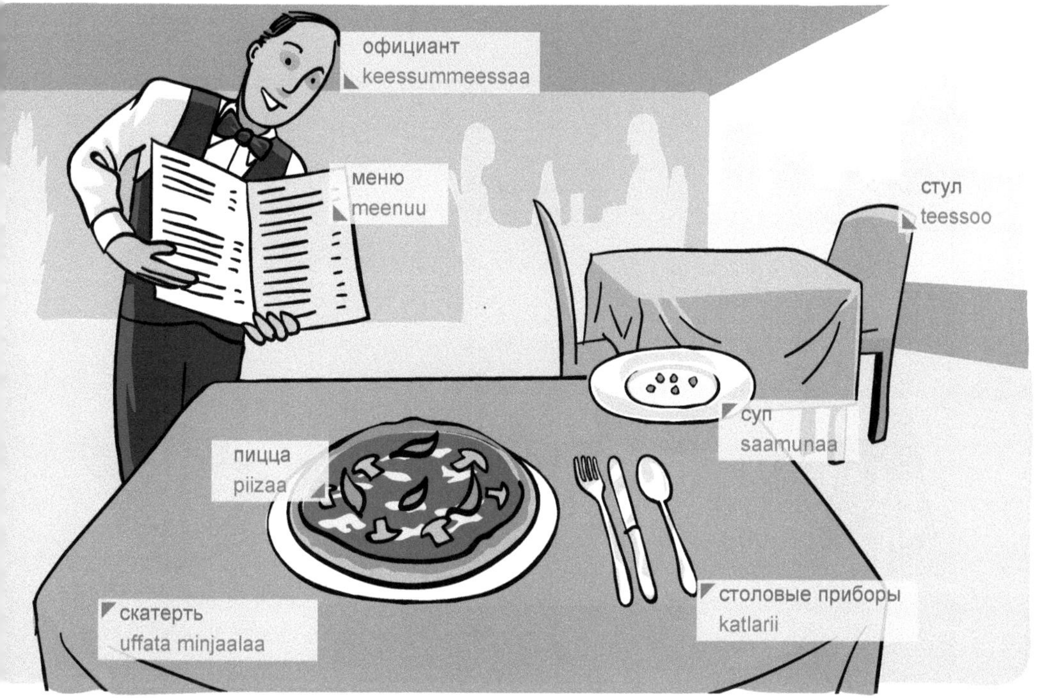

официант
keessummeessaa
меню
meenuu
стул
teessoo
суп
saamunaa
пицца
piizaa
столовые приборы
katlarii
скатерть
uffata minjaalaa

закуска
calqabsiisaa

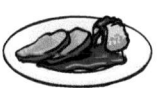

главное блюдо
madda muummee

десерт
deezaartii

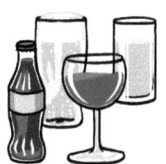

напитки
dhugaatii

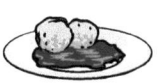

еда
nyaata

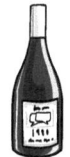

бутылка
qaruuraa

фастфуд

nyaata qophaa'aa

уличная еда

nyaata karaa irraa

чайник

markajii shaayii

сахарница

qodaa shukkaaraa

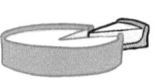

порция

uwwisa

кофеварка

maashina espereessoo

детский стульчик

teessoo ol ka'aa

счет

nagahee

поднос

tirii

нож

hlbee

вилка

shuukkaa

ложка

fal'aana

чайная ложка

fal'aana shaayii

салфетка

uffrata minjaala nyaataa

стакан

burcuqqoo

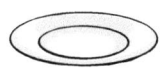

тарелка

diiriiraa

суповая тарелка

teessoo saamunaa

блюдце

teessoo siinii

соус

sugoo

солонка

qodaa sooqiddaa

мельница для перца

daaktuu barbaree

уксус

hadhooftuu

масло

zayita

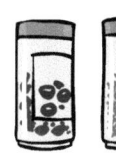

специи

qimamii

кетчуп

kachappii

горчица

sanaafica

майонез

maaynoneezii

супермаркет
suppar maarkeetii

специальное предложение
kenaa addaa
FOR
покупатель
maamila
молочные продукты
oomish aannanii
фрукты
fuduraa
тележка для покупок
baabura eelektirikaa

BUTCHERS

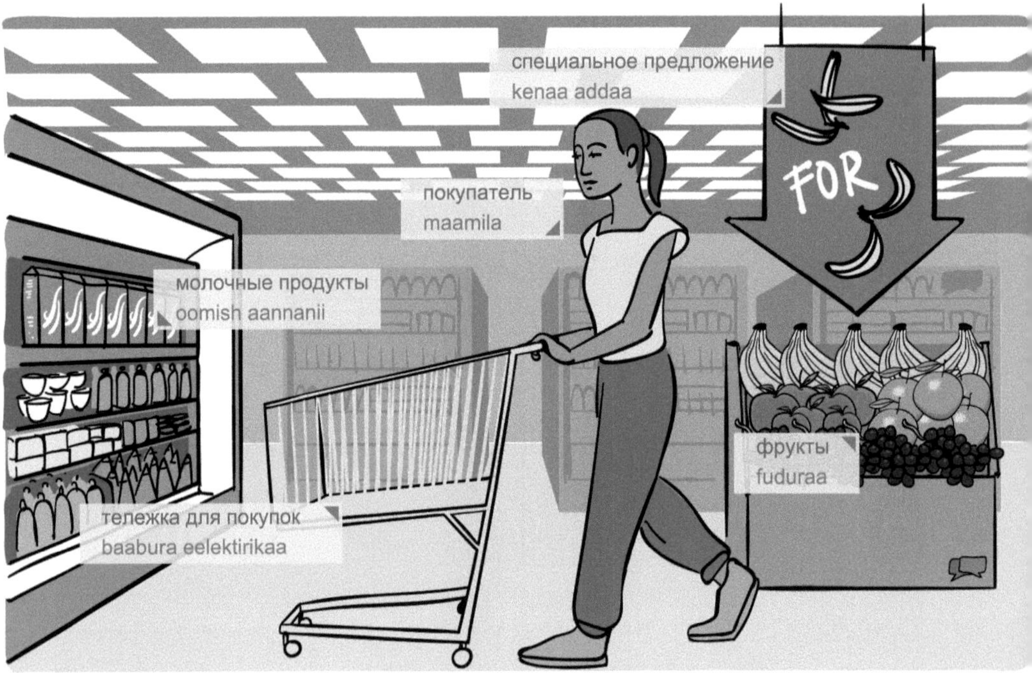

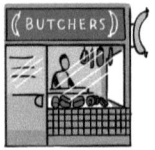

мясной магазин

mana foonii

BAKERY

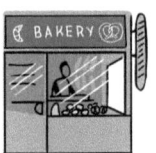

пекарня

tolchituu

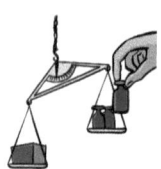

взвешивать

ulfaatina safaruu

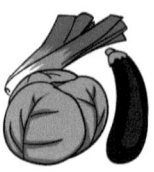

овощи

kuduraa

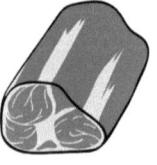

мясо

foon

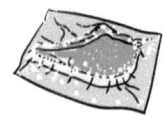

быстрозамороженные продукты

nyaataqorraa

нарезка

foon qorraa

консервы

nyaata samsmaa

стиральный порошок

oomoo

сладости

mi'aawaa

предмет домашнего
обихода
oomisha meeshaa manaa

моющее средство

bu'aa qulqulleessuu

продавщица

nama gurgurtaa

касса

hanga

кассир

qarshi qabduu

список покупок

taree gabaa

время работы

sa'aatii baniinsaas

бумажник

krojoo qarshii kan dhiiraa

кредитная карточка

kireedit kaardii

сумка

korojoo

полиэтиленовый пакет

korojoo pilaastikaa

вода

bishaan

сок

cuunfaa

молоко

aannani

кока-кола

kookii

вино

wayinii

пиво

biiraa

алкоголь

alkoolii

какао

kookaa

чай

shaayii

кофе

buna

эспрессо

espereesso

капучино

kaappuchuunoo

банан

muuzii

яблоко

aappilii

апельсин

burtukaana

арбуз

meeloonii

лимон

loomii

морковь

kaarotii

чеснок

qullubbii adii

бамбук

leemmana

лук

qullubbii

гриб

jaarsa marqoo

орехи

godoo

лапша

gowwaa

спагетти

ispaageetii

рис

ruuza

салат

salaaxaa

картофель фри

chiipsii

жареный картофель

moose affeelamaa

пицца

piizaa

гамбургер

hmbargarii

сэндвич

saanduchii

шницель

kotaleetii

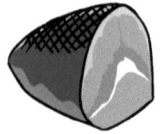

ветчина

foon booyyee kan luka
fuuiduraa

салями

nyaata mi'eessituu fi
sooggiddan sukkummame

колбаса

sausage

курица

lukuu

жаркое

waaddii

рыба

qurxummii

овсяные хлопья

bulluqa aajjaa

мюсли

masliis

кукурузные хлопья

fandishaa

мука

daakuu

круассан

kiroosantii

булочка

daabboo-

хлеб

daabboo

тост

dabboo oo'aa

печенье

buskuuta

масло

dhadhaa

творог

itittuu

пирог

keekii

яйцо

buuphaa

яичница

buuphaa affeelamaa

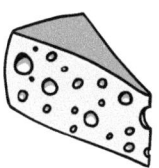

сыр

ayibii

мороженое

aays kireemii

сахар

shukkaara

мёд

damma

мармелад

marmaalaataa

крем с нугой

chokkoleetii bittinnaa'aa

карри

kuurii

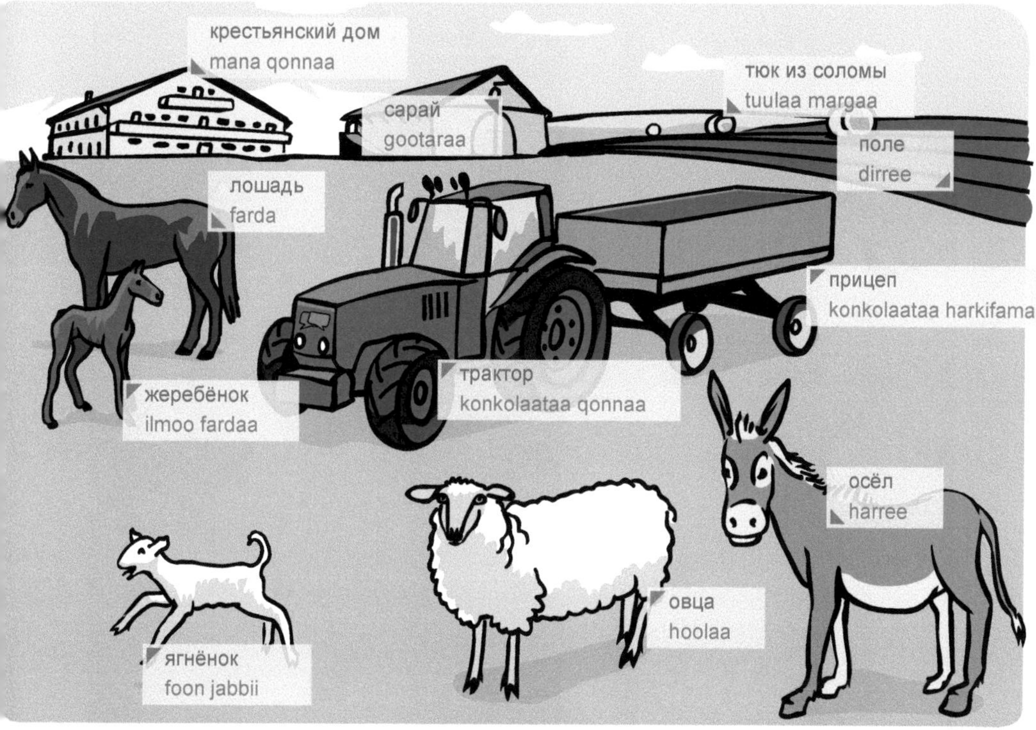

крестьянский дом
mana qonnaa

сарай
gootaraa

тюк из соломы
tuulaa margaa

поле
dirree

лошадь
farda

прицеп
konkolaataa harkifama

жеребёнок
ilmoo fardaa

трактор
konkolaataa qonnaa

осёл
harree

ягнёнок
foon jabbii

овца
hoolaa

коза

ra'ee

корова

sa'a

телёнок

jabbilee

свинья

booyyee

поросёнок

ilmoo booyyee

бык

korma

гусь

ziyyee

утка

daakkiyyee

цыплёнок

lukkuu

курица

lukkuu haadhoo

петух

lukkuu kormaa

крыса

hantuuta

кошка

adurree

мышь

hantuuta goodaa

вол

qotiyyoo

собака

saree

конура

mana saree

садовый шланг

ujjummoo oddoo

лейка

kan ittin bishaan obaasan

коса

haamtuu dheeraa

плуг

qotuu

серп

haamtuu

мотыга

gasoo

навозные вилы

manshii

топор

qotoo

тачка

gaarii goommaa

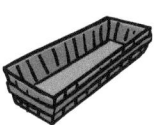

корыто

suluula

бидон для молока

meeshaa aannanii

мешок

keeshaa

забор

dallaa

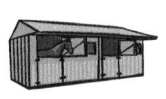

хлев

tasgabbii

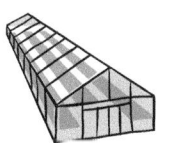

теплица

mana biqiltuu

почва

biyyee

посев

sanyii

удобрение

dachee gabbistuu

комбайн

kmbaayinara haamaa

собирать урожай

haamuu

урожай

haamuu

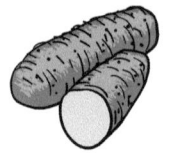

ямс

biqiltuu hundeen isaa
nyaatamu

пшеница

qamadii

соя

sooy

картофель

moose

кукуруза

boqqoolloo

рапс

raappii siidii

фруктовое дерево

muka fudraa

маниок

kzaavaa

злаки

midhaan biilaa

дымоход
hula aaraa

крыша
baaxii

водосточный желоб
ujummo bishaanii

окно
fooddaa

гараж
garaajii

звонок
bilibila balbalaa

дверь
balbala

мусорное ведро
teessoo balfaa

почтовый ящик
saanduqa xaiayaas

сад
oddoo

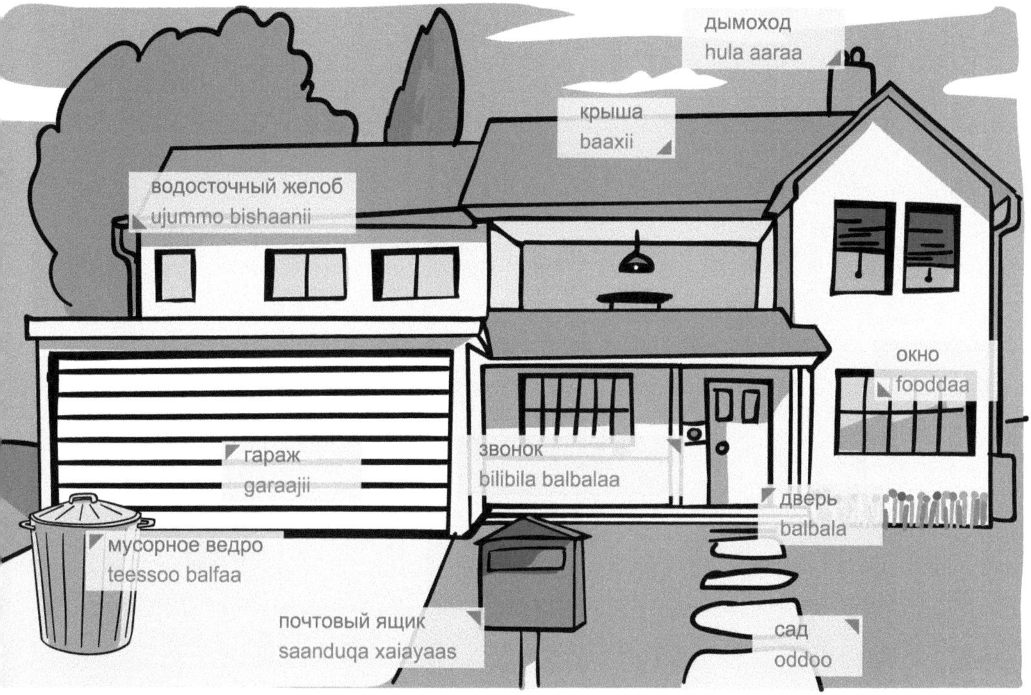

гостиная

kutaa jireenyaa

ванная комната

kutaa dhiqannaa

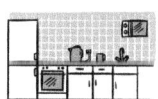

кухня

mana bilcheessaa

спальня

kutaa ciisichaa

детская комната

kutaa ijoollee

столовая

kutaa nyaataa

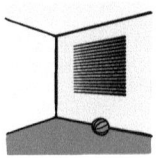

пол

lafa

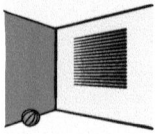

стена

ededaa

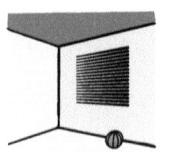

потолок

baaxii

подвал

seelaarii

сауна

saawunaa

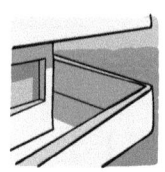

балкон

baankoonii

терраса

madaba

бассейн

puulii

газонокосилка

konkoolaataa haamaa

пододеяльник

ansoolaa

покрывало

uffata siree

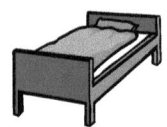

кровать

siree

метла

hartuu

ведро

baaldii

выключатель

cufuu

гостиная

kutaa jireenyaa

обои
wolpeepparii
рисунок
fakkii
лампа
foon hoolaa
полка
masalangaa
шкаф
kaappi boordiis
телевизор
tlevisziinii
камин
midijjaa
цветок
abaaboo
подушка
boraatiii
диван
soofaa
ваза
tessoo abaaboo
пульт дистанционного управления
too’attuu halaalaa

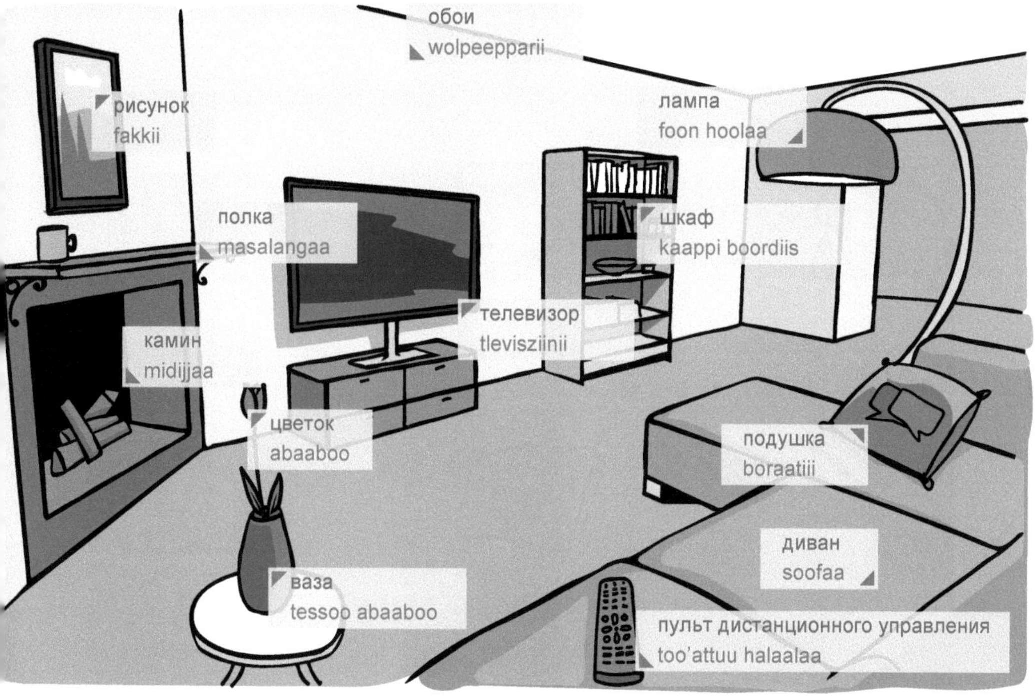

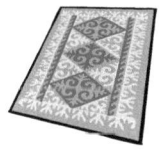

ковёр

afata

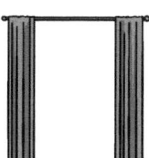

штора

golgaa

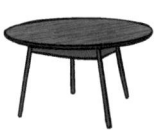

стол

minjaala

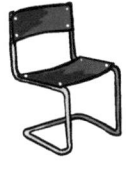

стул

teessoo

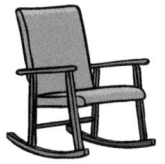

кресло-качалка

teessoo rarra’aa

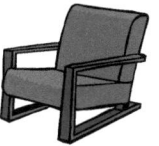

кресло

teesoo ciqilffannaa

книга

kitaaba

покрывало

uffata qorraa

украшение

midhagina

дрова

muka qoraanii

фильм

fiilmii

стереосистема

meeshaa

ключ

furtuu

газета

gaazexaa

картина

dibuu

плакат

barjaa

радио

reedyoonii

блокнот

daftara yaadanoo

пылесос

meeshaa eeleektirikaa afata
qulqulleessu

кактус

laaftoo

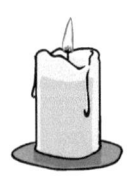

свеча

dungoo

кухня

mana bilcheessaa

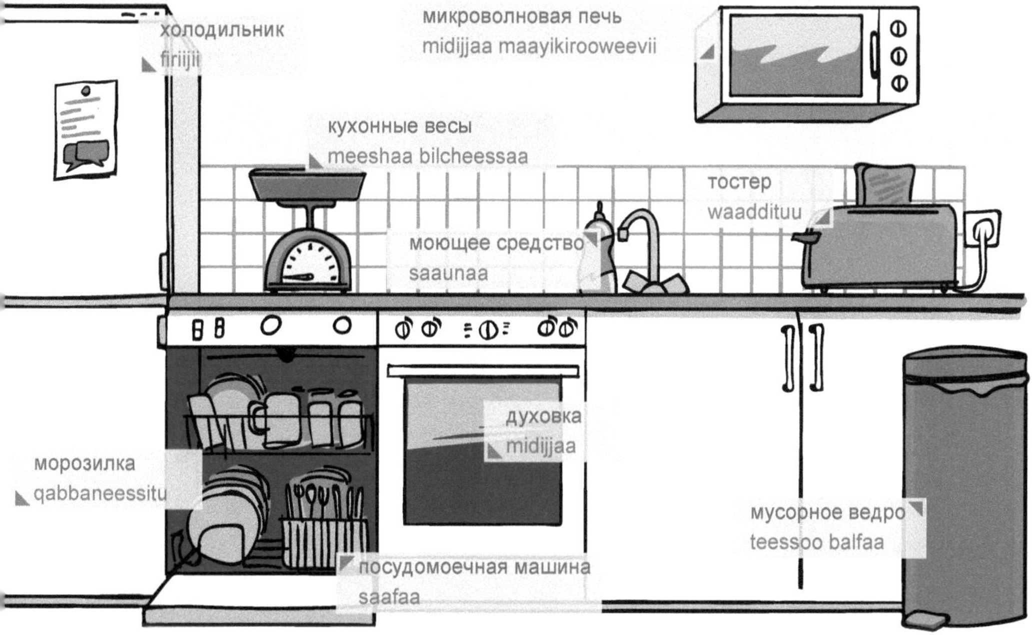
холодильник
firiijii
микроволновая печь
midijjaa maayikirooweevii
кухонные весы
meeshaa bilcheessaa
тостер
waaddituu
моющее средство
saaunaa
духовка
midijjaa
морозилка
qabbaneessitu
мусорное ведро
teessoo balfaa
посудомоечная машина
saafaa

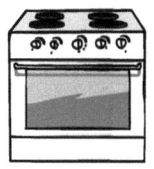

плита

bilcheesssituu

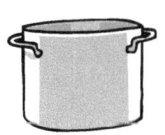

кастрюля

okkotee

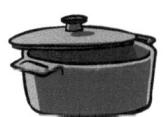

чугунный котелок

cast-iron pot

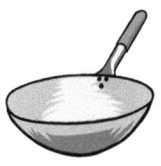

вок / кадай

sataatee

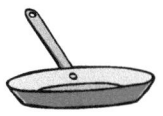

сковорода

waaddituu

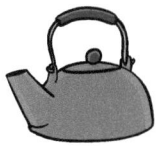

чайник

markajii

пароварка

jabala humna urkaa

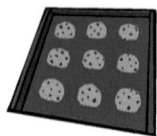

противень

tirii bilcheessaa

посуда

bantuu qaruuraa

кружка

geeba

миска

sayinaa

палочки для еды

dibata hidhii

половник

cilfaa

лопатка

shuukkaa

сбивалка

areeda aduurree

сито

dhimbiibduu

сито

gingilchaa

тёрка

meeshaa farfartuu

ступка

mooyyee

гриль

waadii abiddaa

костёр

midijjaa

доска

maktafiyaa

скалка

martuu

штопор

bantuu qaruuraa

жестяная банка

danda'uu

консервный нож

banuu danda'uu

прихватка

teesoo okkotee

раковина

lixuu

щетка

buruushii

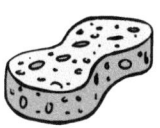

губка

ispoonjii

миксер

meeshaa waliin makaa

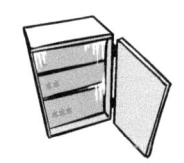

морозильная камера

qabbaneessaa guddaa

бутылочка для кормления

xuuxxoo

кран

ujjuummoo

ванная комната
kutaa dhiqannaa

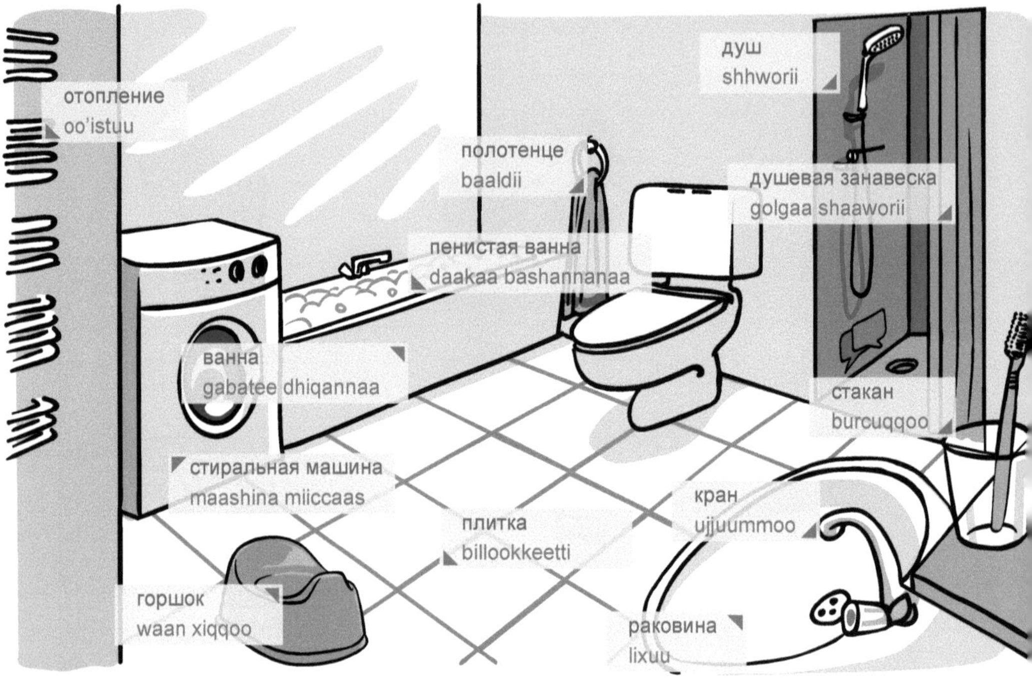

душ
shhworii
отопление
oo'istuu
полотенце
baaldii
душевая занавеска
golgaa shaaworii
пенистая ванна
daakaa bashannanaa
ванна
gabatee dhiqannaa
стакан
burcuqqoo
стиральная машина
maashina miiccaas
кран
ujjuummoo
плитка
billookkeetti
горшок
waan xiqqoo
раковина
lixuu

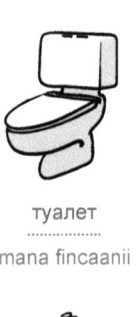

туалет

mana fincaanii

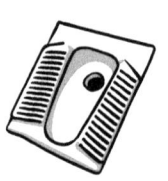

напольный унитаз

mana fincaanii taa'e

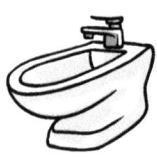

биде

saafaa

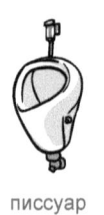

писсуар

sahiinaa mana fincaanii

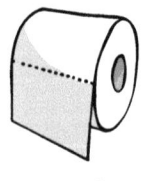

туалетная бумага

sooftii

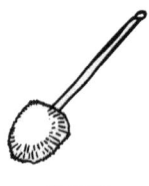

ершик

burusha mana fincaanii

зубная щетка

buruushii ilkaanii

зубная паста

saamunaa ilkaanii

зубная нить

soqxuu ilkaanii

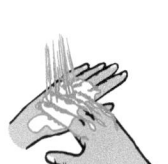

мыть

dhiquu

ручной душ

qaama dhiqannaa aadaa

интимный душ

kan dach

таз

sulula

щетка для спины

mana dhiqataa

мыло

saamunaa

гель для душа

dibata dhiqannaa boodaa

шампунь

shaampuu

мочалка

jejuu

сток

gogsuu

крем

kireemii

дезодорант

dodoraantii

зеркало

daawitii

ручное зеркало

daawitii hrkaa

бритва

milaacii

пена для бритья

dibata areedaas

лосьон после бритья

diibata areedaa

расческа

filaa

щетка

burusha

фен

qoorsituu rifeensaa

лак для волос

hafuuftuu rifeensaa

косметика

meekaappii

губная помада

lippistiikii

лак для ногтей

qeessa muculiksituu

вата

jirbii

маникюрные ножницы

murtuu qeessa

духи

shittoo

косметичка

korojoo dhiqannaa

табуретка

gatteechuma

весы

iskeelii ulfaatinaa

халат

uffata dhiqannaa

резиновые перчатки

guwaantii pilaastikaa

тампон

moodesii

гигиеническая прокладка

fooxaa qulquulinaa

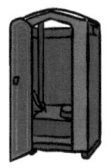

биотуалет

keemikaala mana fincaanii

детская комната
kutaa ijoollee

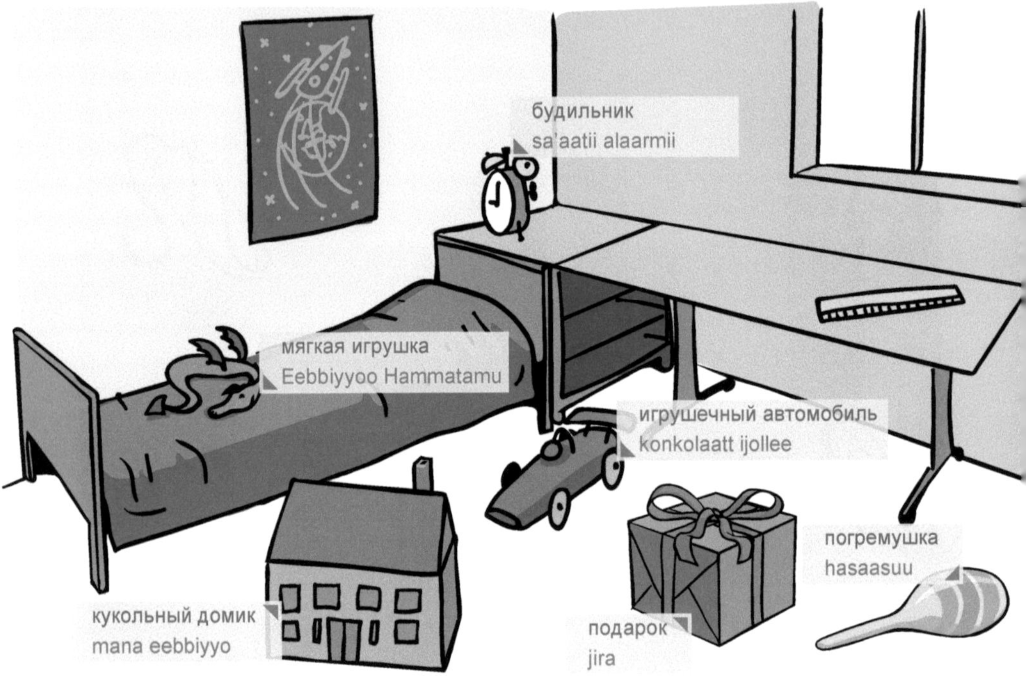
будильник
sa'aatii alaarmii
мягкая игрушка
Eebbiyyoo Hammatamu
игрушечный автомобиль
konkolaatt ijollee
погремушка
hasaasuu
кукольный домик
mana eebbiyyo
подарок
jira

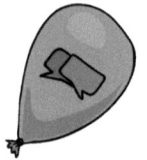

воздушный шар
baaloonii

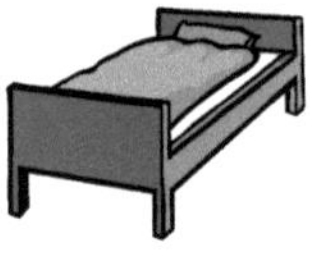

кровать
siree

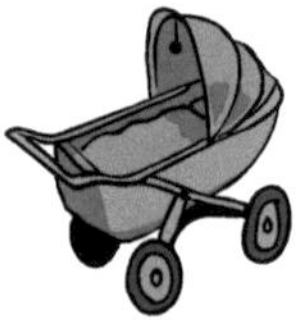

детская коляска
gaarii daa'imaa

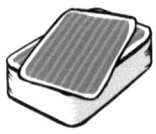

карточная игра
Minjaala Kaardii

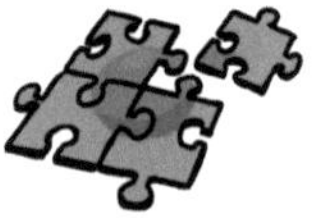

пазл
akaafaa

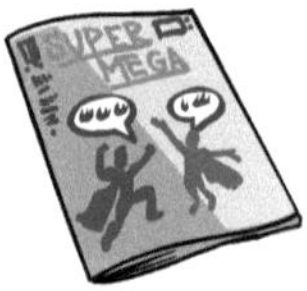
SUPER
MEGA

комикс
kofalchiisaa

кирпичики Лего

lego bricks

кубики

dlookii ijaarsaa

игрушечная фигурка

lakkofsa gochaa

ползунки

guddina daa'imaa

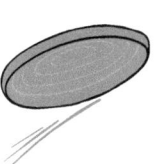

фрисби

saahinaa taphaa

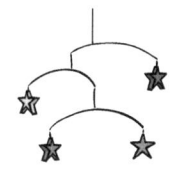

мобиле

mobaayilii

настольная игра

gabatee taphaa

кубик

kuubii lakk. 1-6 qabu

модель железной дороги

teessuma leenji'aa
modeelaa

соска

fakkii

вечеринка

afeerrii

книга с картинками

kitaaba fakii

мяч

kubbaa

кукла

eebiyyoo

играть

tapha

песочница

boolla cirrachaa

качели

hodhuu

игрушка

eebbiyyoo

игровая приставка

konsoli tapha viidyoo

трёхколесный велосипед

marsaa sadii

плюшевый медвежонок

eebiyyo hammatamtu

шкаф для одежды

sanduqaa dhaabbii

одежда

cuufinsa

носки

kaalsii

чулки

istookingii

колготки

taayitii

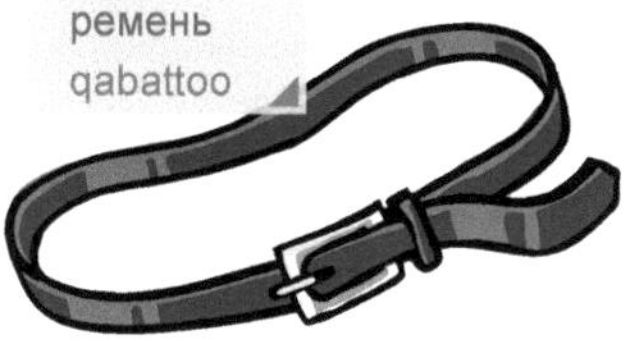

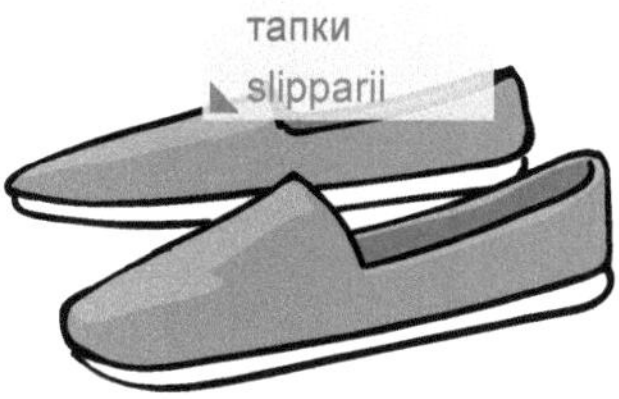

шарф
guftaa

зонтик
dibaaboo

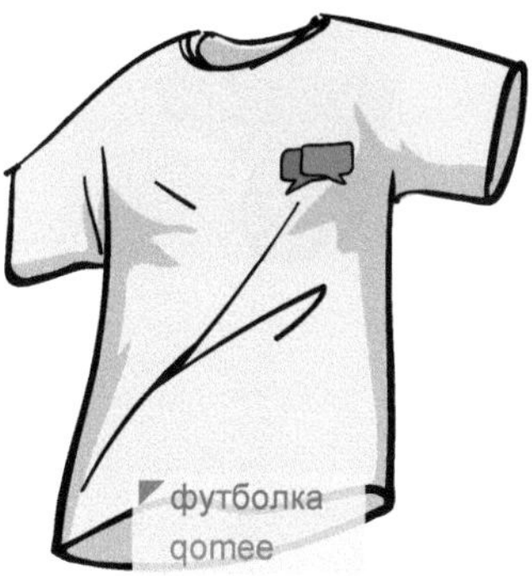

ремень
qabattoo

футболка
qomee

сапоги
bidiruuwwan

тапки
slipparii

кроссовки
leenjitoota

сандалии

kophee banaa

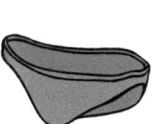

трусы

butaantaa

ботинки

kophee

бюстгальтер

harmaa

резиновые сапоги

bidiruu pilaastikaa

майка

sadariyyaa

боди

qaama

брюки

kofoo dheeraa

джинсы

jiinsii

юбка

dalgee

блузка

shamiza

рубашка

shurraaba

свитер

shurraaba

свитер

haaguuggii jaakkeettii

спортивная куртка

yuunifoormii

жакет

jaakkeettii

пальто

kootii

плащ

kafana roobaa

костюм

barsuma

платье

wandaboo

свадебное платье

kafana gaa'ilaa

мужской костюм

kafana guutuu

ночная сорочка

uffata halkanii

пижама

bijaamaa

сари

wandaboo hindii

платок

guftaa

тюрбан

marata

паранджа

burqaa

кафтан

jalabiyyaa

абайя

abaya

купальник

kafana daakkaa

плавки

mudhii

шорты

kofoo gabaabaa

спортивный костюм

kafanafgichaa

фартук

appiroonii

перчатки

guwwaantii

пуговица

furtuu

очки

burcuqqoowwan

браслет

gumee

цепочка

amartii

кольцо

qubeelaa

серьга

glii

шапка

geeba

вешалка

fanoo kootii

шляпа

qoobii

галстук

karbaata

застежка молния

ziippii

шлем

heelmeetii

подтяжки

collee

школьная форма

uffata mana baruumsaa

форма

yuunifoormii

одежда - cuufinsa

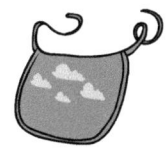

детский нагрудник

kafana gorooraa

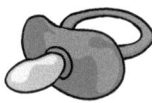

соска

fakkii

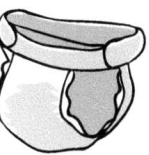

подгузник

naappii

офис

waajjira

сервер
sarvarii
канцелярский шкаф
faayil kaabineetii
бумага
warqaa
принтер
piriintarii
монитор
moonitarii
мышь
maawzii
письменный стол
minjaala
папка
fooldarii
клавиатура
kiiboordii
корзина для бумаг
qircaata gatoo
компьютер
kompitara
стул
teessoo

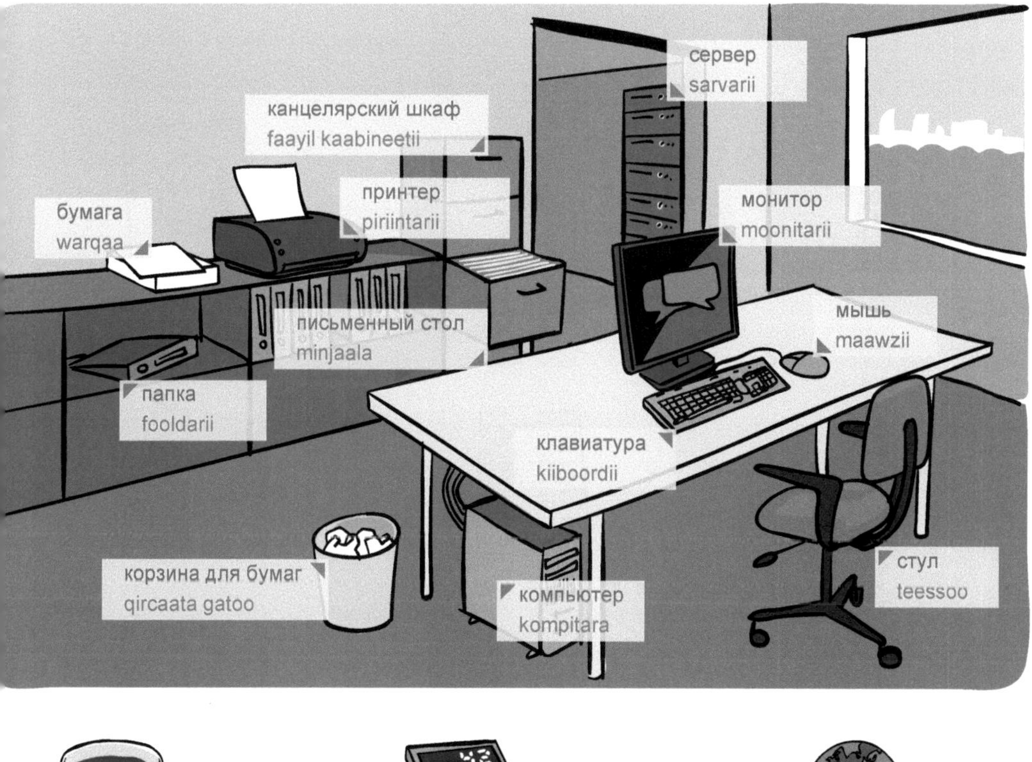

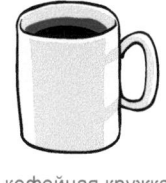

кофейная кружка

siinii bunaa

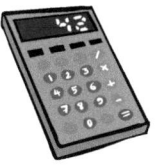

калькулятор

herregduu

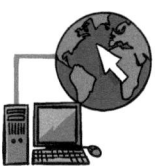

интернет

intarneetii

ноутбук

lab tooppii

письмо

xalaya

сообщение

ergaa

мобильный телефон

mobbyilii

сеть

neetwoorkii

ксерокс

maashina footokoppii

программа

sooft weerii

телефон

bilbila

розетка

sookkeetii suuqii

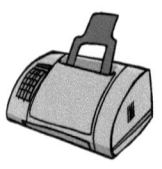

факс

maashina faaksiis

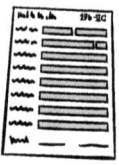

формуляр

uunkaa

документ

dookimantii

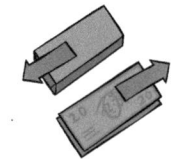

покупать

bituu

платить

kafaluu

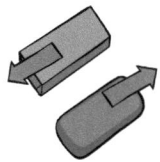

торговать

daldaluu

деньги

qarshii

доллар

doolaara

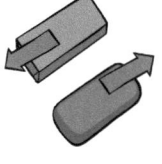

евро

yuroou

иена

yen

рубль

ruubilii

франк

Farankaa swwiz

жэньминьби юань

yuwaanii reenmiinbii

рупия

ruuppee

банкомат

kaash pooyintii

пункт обмена валюты

biiroo de cheenjee

золото

warqee

серебро

meeta

нефть

zayita

энергия

human

цена

gatii

договор

koontiraata

налог

taaksii

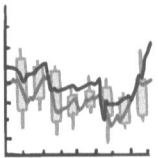

акция

shaqaxa

работать

hojjechuu

служащий

qacaramaa

работодатель

qacaraa

фабрика

faabrikaas

магазин

dukkaana

профессии
hojii

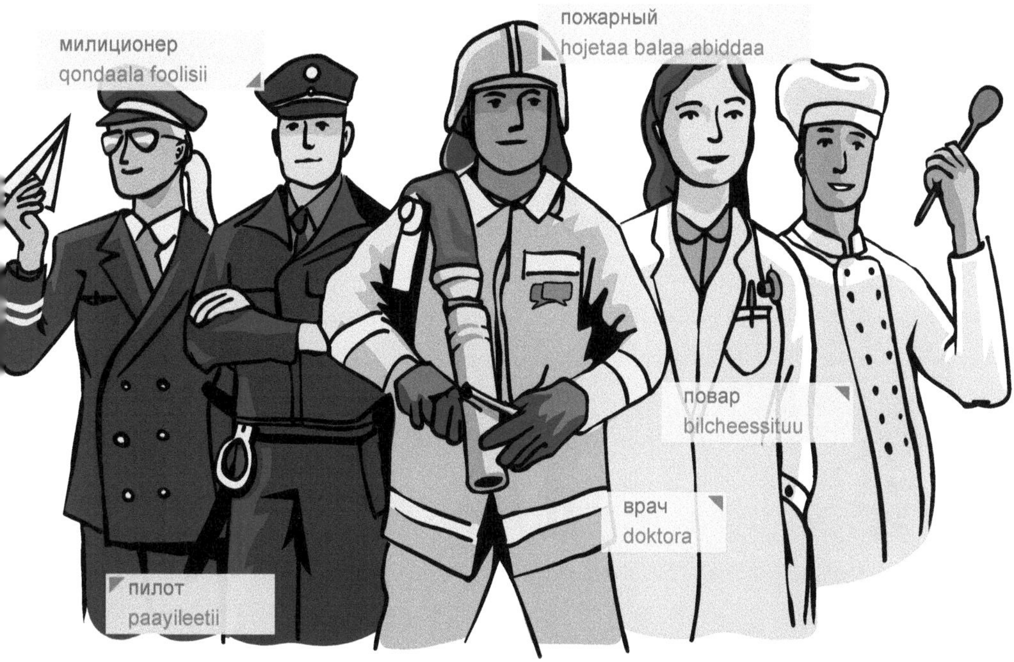
милиционер
qondaala foolisii
пожарный
hojetaa balaa abiddaa
повар
bilcheessituu
врач
doktora
пилот
paayileetii

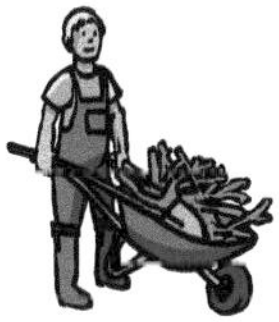

садовник

waardiyyaa

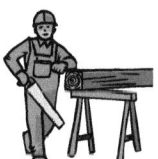

столяр

ogeessa mukaa

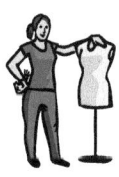

швея

ooftuu jabalaa

судья

abbaa seeraa

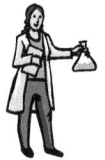

химик

keemistii

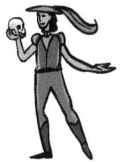

актёр

ta’aa

водитель автобуса

konkolaachisaa

таксист

konkolaachisaataaksii

рыбак

qurxumii kiyyeessaa

уборщица

qulqulleessituu

кровельщик

hojetaa baaxii

официант

keessummeessaa

охотник

adamisituus

художник

halluu dibduu

пекарь

tolchituu

электрик

elektrishaana

строитель

ijaaraa

инженер

injinara

мясник

mana foonii

сантехник

hjjetaa ujummoo

почтальон

poostaa geessituu

солдат

raayyaa

архитектор

arkteektii

кассир

qarshi qabduu

флорист

abaaboo gurgurtuu

парикмахер

dabbasaa murtuu

кондуктор

kondaaktara

механик

makaanika

капитан

kaappiteenii

зубной врач

hakiima ilkee

ученый

saayntiistii

раввин

rabbi

имам

imaama

монах

moloskee

священник

luba

инструменты

meeshaalee

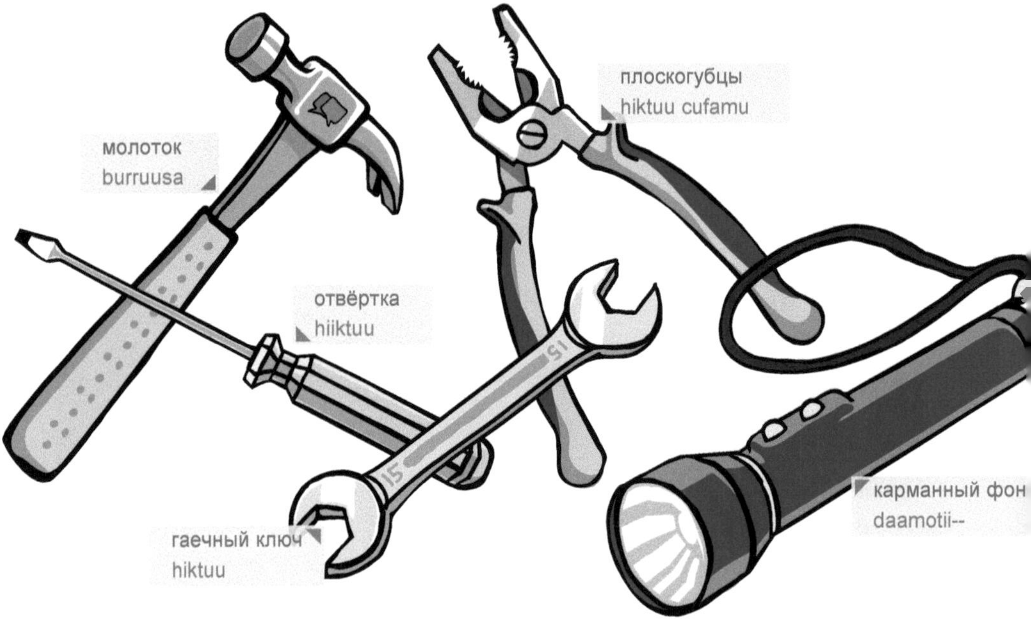

плоскогубцы
hiktuu cufamu
молоток
burruusa
отвёртка
hiiktuu
карманный фон
daamotii--
гаечный ключ
hiktuu

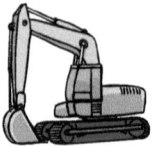

экскаватор

gasoo

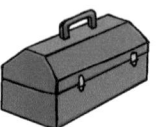

ящик для инструментов

saanduqa meeshhalee

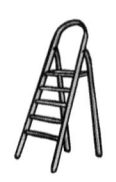

стремянка

kortoo

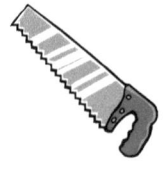

пила

magaazii

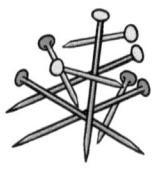

гвозди

bismaara

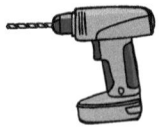

дрель

diriilii

ремонтировать

suphuu

лопата

akaafaa

Блин!

dhaabi

совок

gataa balfaa

ведро с краской

qodaa haalluu

винты

hiktuu

музыкальные инструменты
meeshaalee muuziqaa

громкоговоритель
sagalee guddistuu

ударный инструмент
teessoo dibbee

гитара
gitaara

контрабас
sagalee baay'ee xiqqaa

труба
tiraampeetii

пианино

piyaanoo

скрипка

vaayoolinii

бас-гитара

sagalee xiqqaa

литавры

timpaanii

барабан

dibbee

синтезатор

kiiboordii

саксофон

saaksi foona

флейта

ulullee

микрофон

may craafoona

зоопарк

dallaa beeladaa

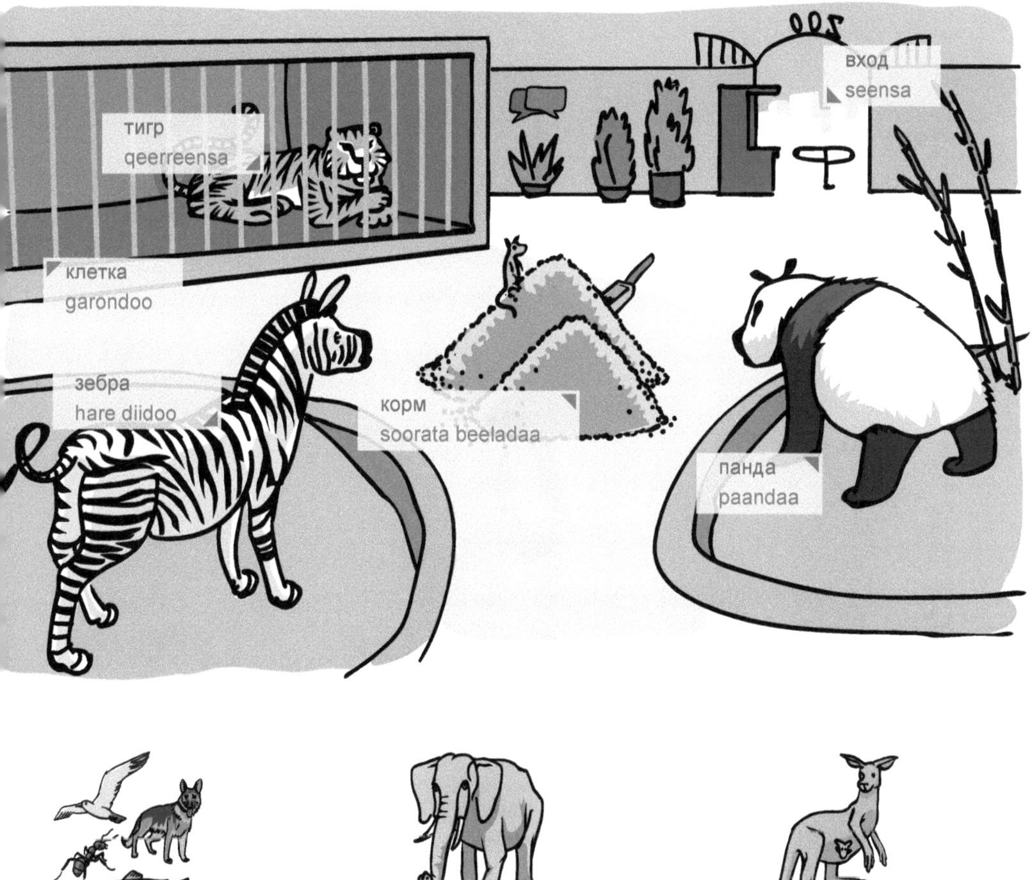

тигр
qeerreensa
клетка
garondoo
зебра
hare diidoo
корм
soorata beeladaa
вход
seensa
панда
paandaa

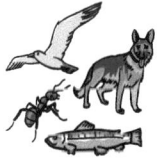

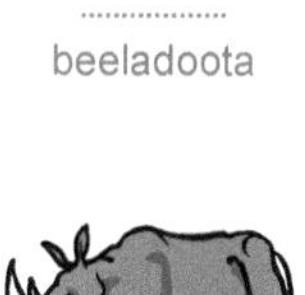

животные
beeladoota

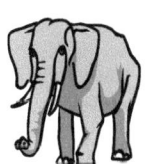

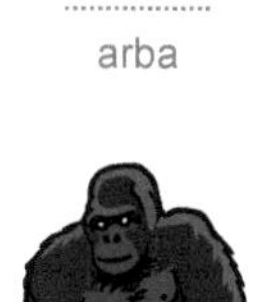

слон
arba

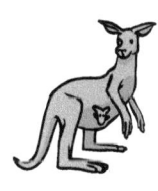

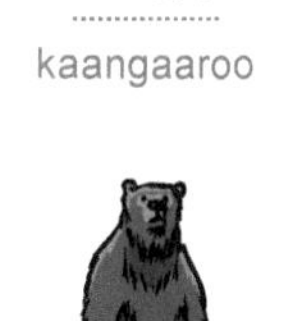

кенгуру
kaangaaroo

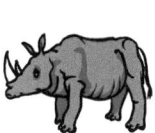

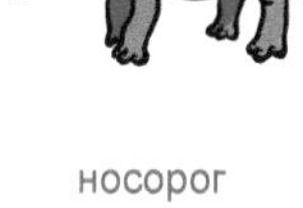

носорог
warseesa

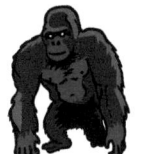

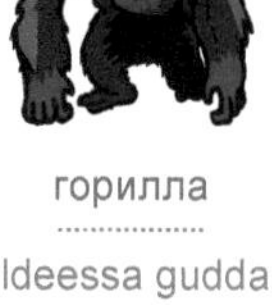

горилла
jaldeessa guddaa

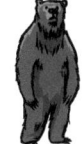

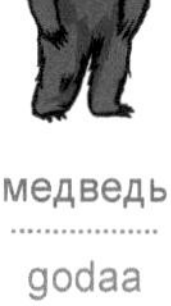

медведь
godaa

верблюд

gala

страус

guchii

лев

leenca

обезьяна

jaldeessa

фламинго

fiilaamingoo

попугай

simbira dubbattu

белый медведь

diibii poolarii

пингвин

peengyuunii

акула

shaarkii

павлин

piikookii

змея

bofa

крокодил

qocaa

служитель зоопарка

eegaa zoo

тюлень

chaappaa

ягуар

sanyii qeerensaa

пони

farda gabaabduu

леопард

sanyii qeerrensaa

бегемот

roobii

жираф

sattaawwaa

орёл

culullee

кабан

ifaannaa

рыба

qurxummii

черепаха

qocaa galaanaa

морж

beelada bishaan keessaa

лиса

sardiida

газель

godaa

американский футбол
kubbaa miilaa ameerikaa

езда на велосипеде
dargmmii bishkilileettaa

теннис
teenisa

баскетбол
kubba kaachoo

плавание
bishaan daakkaa

бокс
aboottoo

хоккей
sigigoo cabbie

футбол

kubbaa miilaa

бадминтон

baadmentanii

лёгкая атлетика

atileetii

гандбол

kubba harkaa

лыжный спорт

skiing

поло

pooloo

смеяться
kolfa

прыгать
utaalcha

обнимать
hammachuu

идти
deemuu

петь
sirbuu

мечтать
abjuu

молиться
kadhannaa

целовать
dhungoo

писать

barreessuu

рисовать

fakkii kaasuu

показывать

agrsiisuu

нажимать

dhiibuu

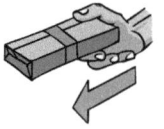

давать

kennuu

брать

fudhachuu

иметь

qabaachuu

делать

gochuu

быть

ta'uu

стоять

dhaabbachuu

бежать

kaachuu

тянуть

harkisuu

бросать

darbachuu

падать

kufuu

лежать

soba

ждать

eeguu

носить

baachuus

сидеть

taa'uu

надевать

uffachuu

спать

rafuu

просыпаться

dammaquu

рассматривать

ilaaluu

плакать

iyyuu

гладить

dhiibbaa dhiigaa

причесывать

filuu

говорить

haasa'uu

понимать

hubachuu

спрашивать

gaafachuu

слушать

dhggeeffachuu

пить

dhuguu

кушать

nyaachuu

наводить порядок

ol kaasuu

любить

jaalala

готовить

bilcheessuus

ехать

oofuu

летать

barrisuu

ходить под парусом

jabalan

считать

heerregii

читать

dubbisuu

учиться

baruumsa

работать

hojjechuu

вступать в брак

fuudha

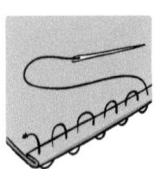

шить

hodhuu

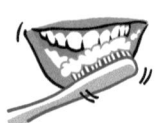

чистить зубы

ilkaan rigachuu

убивать

ajjeecha

курить

xuuxuu

отправлять

erguu

x

ERROR

 66

действия - sochii

семья

warra

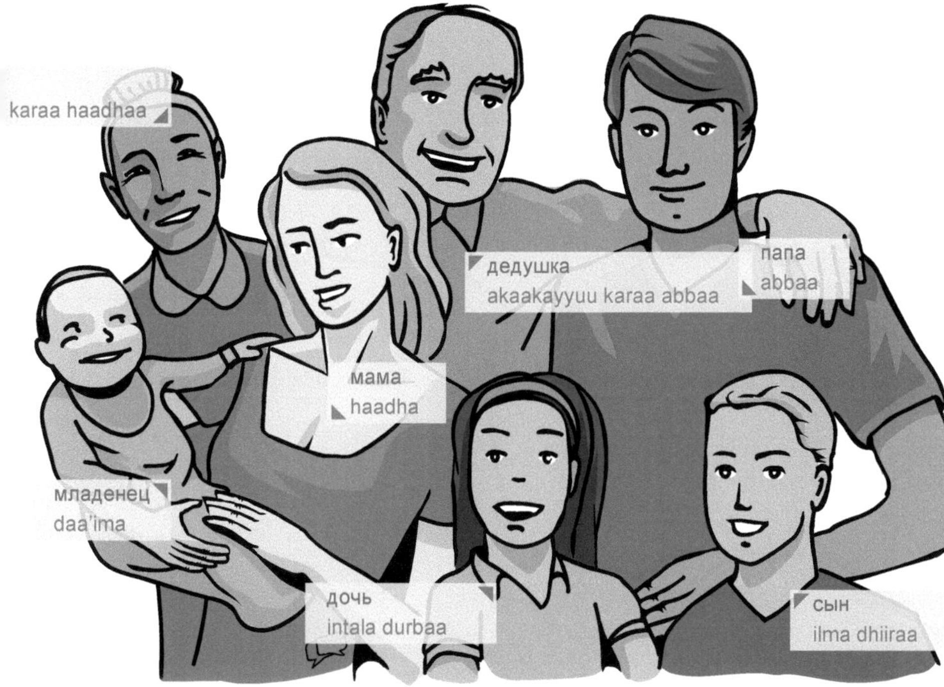
karaa haadhaa
дедушка
akaakayyuu karaa abbaa
папа
abbaa
мама
haadha
младенец
daa'ima
дочь
intala durbaa
сын
ilma dhiiraa

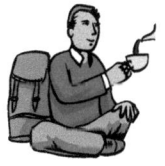

гость
keessummaas

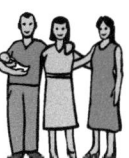

тетя
adaadaa

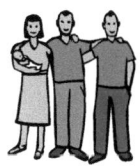

дядя
eessuma

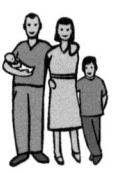

брат
obboleessa

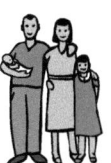

сестра
obboleettii

тело
qaama

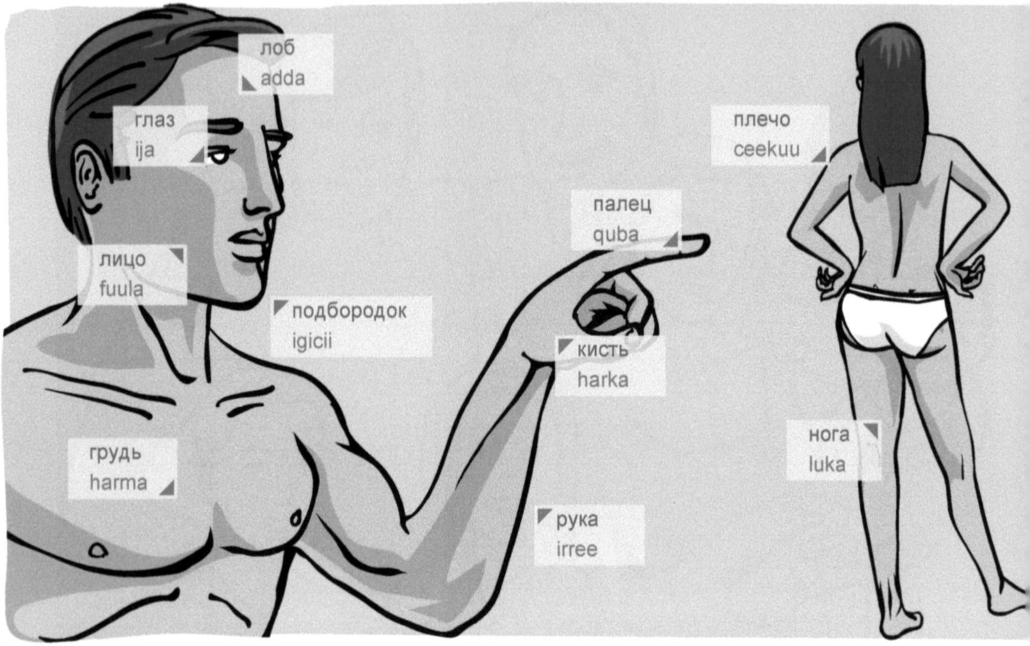

лоб
adda
глаз
ija
плечо
ceekuu
палец
quba
лицо
fuula
подбородок
igicii
кисть
harka
нога
luka
грудь
harma
рука
irree

младенец
daa'ima

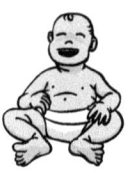

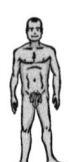

мужчина
nama

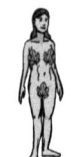

женщина
dubartii

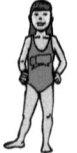

девочка
durba

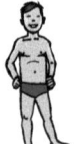

мальчик
mucaa

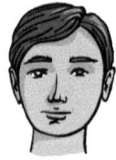

голова
mataa

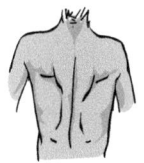

спина

duuba

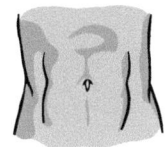

живот

godhami

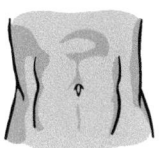

пупок

belly button

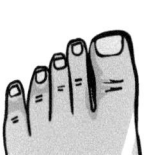

палец ноги

qubq miilaa

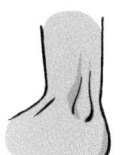

пятка

koomee

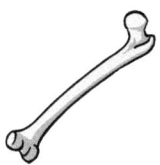

кость

lafee

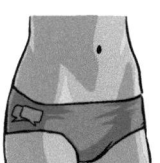

бедро

dirra

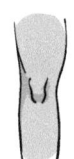

колено

jilba

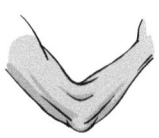

локоть

ciqilee

нос

fuunyaan

ягодицы

jala

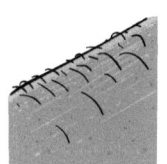

кожа

gogaa

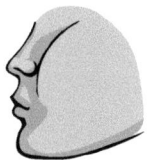

щека

boqoo

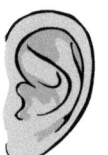

ухо

gurra

губа

hidhii

рот

afaan

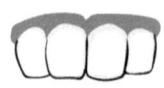

зуб

ilkee

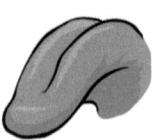

язык

arraba

мозг

sammuu

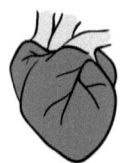

сердце

onnee

мышца

fon irree

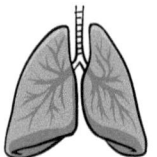

лёгкое

somba

печень

tiruu

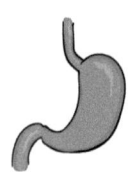

желудок

garaacha

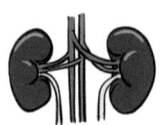

почки

kaleewwan

половой акт

wal qunnamitii saalaa

презерватив

kondomii

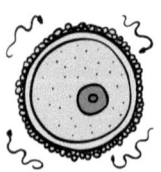

яйцеклетка

buphaa dubartii

сперма

mi'oo

беременность

ulfa

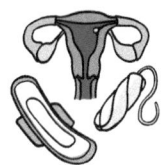

менструация

laguu ji'aa

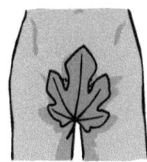

вагина

buqushaa

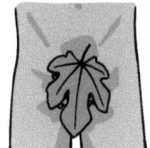

пенис

tuffee

бровь

laboobbaa ijaa

волосы

rifeensa

шея

morma

больница
hospitaala

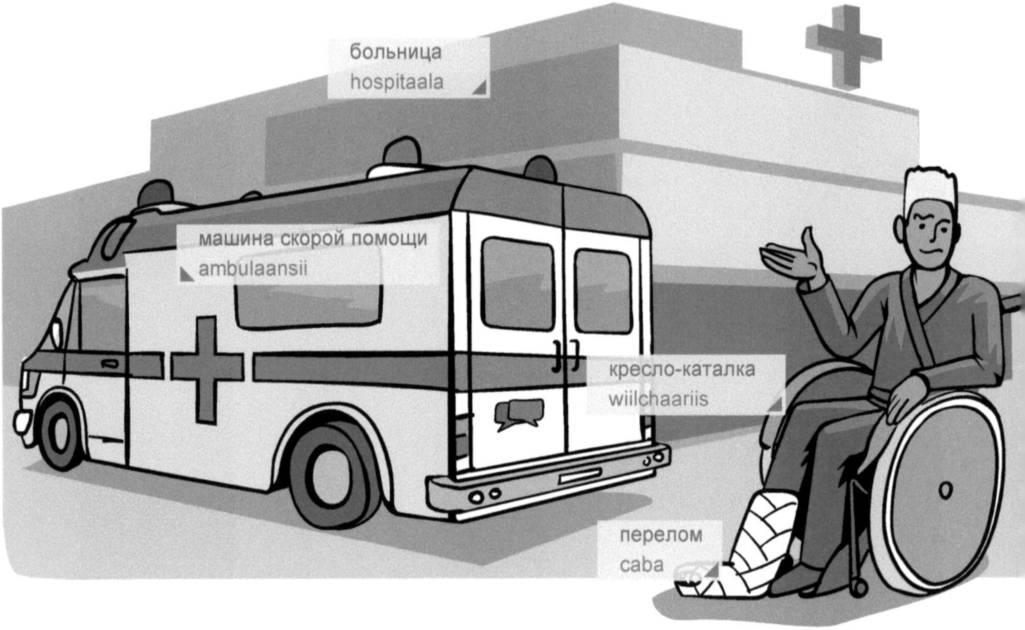

больница
hospitaala
машина скорой помощи
ambulaansii
кресло-каталка
wiilchaariis
перелом
caba

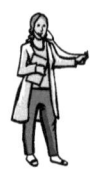

врач

doktora

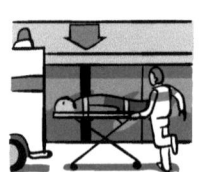

пункт первой помощи

kutaa hatattamaa

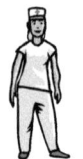

медсестра

narsii

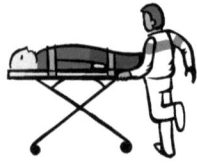

неотложный случай

hatattama

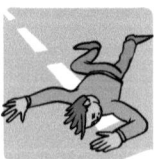

без сознания

kan hin dammaqin

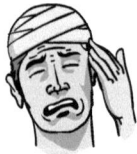

боль

dhukkubbii

повреждение

miidhhaa

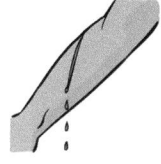

кровотечение

dhiiguu

инфаркт

dhukkuba onnee

инсульт

baay'ina dhiigaa

аллергия

hooqxoo

кашель

qufaa

повышенная температура

oo'aa qaamaa

грипп

qufaa

понос

baasaa

головная боль

bowoo mataa

рак

kaansarii

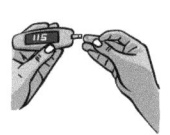

диабет

dhibee sukkaaraa

хирург

baqaqsanii hodhuu

скальпель

halbee

операция

hojii

КТ

CT

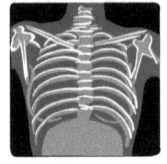

рентген

raajii

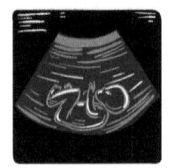

ультразвук

aaltraasaawandii

маска

haguuggii fuuiaa

болезнь

dhukkuba

приёмная

kutaa haar galfii

костыль

hirkannaa

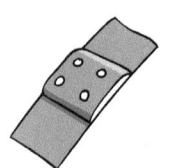

пластырь

pilaastara

бинт

baandeejii

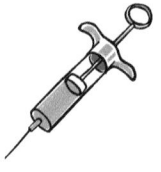

укол

limmoo waraanuu

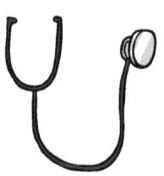

стетоскоп

isteetskooppi

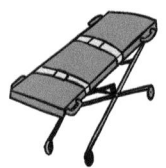

носилки

siree dhukkubsataa

термометр

termoo meetira klinikaa

рождение

dhaloota

избыточный вес

ulfaatinaa ol

слуховой аппарат

gargaaraa dhageettii

дезинфекционное средство

qoricha aramaa

инфекция

miidhama keessaa

вирус

vaayirasa

ВИЧ / СПИД

ECH AAIVII / EEDSII

лекарство

qoricha

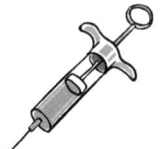

прививка

talaallii

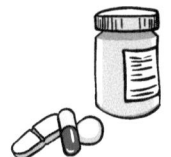

таблетки

kiniinii

противозачаточная таблетка

kiniinii

экстренный вызов

waamicha hatattamaa

прибор для измерения кровяного давления

too'attuu dhiibbaa dhiigaa

больной / здоровый

dhukkuba / fayyaa

Помогите!

gargaarsa!

сигнал тревоги

alaarmiis

нападение

weerara

атака

miidhuu

опасность

suukaneessaa

запасной выход

baha hatattamaa

Пожар!

abidda

огнетушитель

abidda dhaamisituu

несчастный случай

balaa

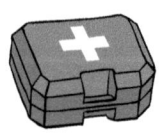

аптечка

saanduqa gargaasa
calqabaa

SOS

Sii'oosii

милиция

foolisii

Европа

awurooppaa

Северная Америка

ameerikaa kabaa

Южная Америка

ameerikaa kibbaa

Африка

afrikaa

Азия

eesiyaa

Австралия

awustraaliyaa

Атлантический океан

atilaantik

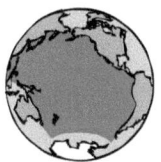

Тихий океан

paasfiik

Индийский океан

galaana hindii

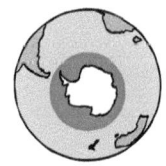

Антарктический океан

galaana antaartikaa

Северный Ледовитый океан

galaana arkitiik

Северный полюс

polii kaabaa

Южный полюс

polii kibbaa

Антарктика

antaartikaa

земля

dachee

суша

dachee

море

garba

остров

odola

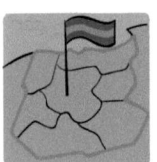

нация

lammii

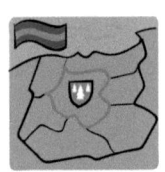

государство

kutt biyyaa

циферблат

clock face

часовая стрелка

sa'aatii kana

минутная стрелка

daqiiqaa kana

секундная стрелка

moofaa

Который час?

yeroon meeqa ta'ee?

день

guyyaa

время

yeroo

сейчас

amma

электронные часы

sa'aatii diiskoo

минута

daqiiqaa

час

sa'aatii

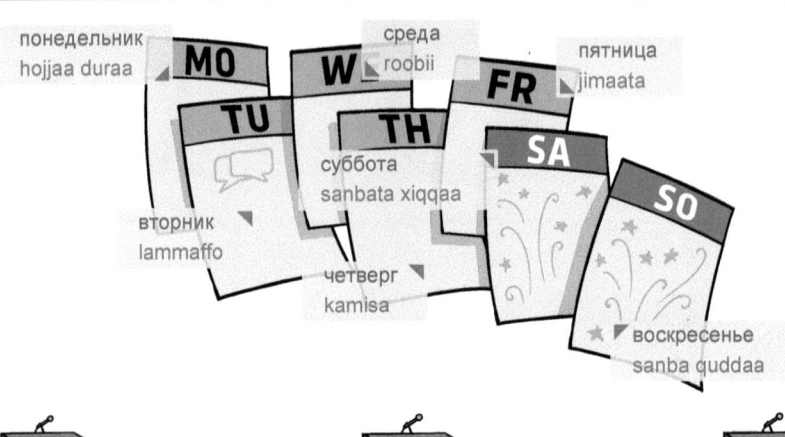

понедельник
hojjaa duraa

MO

TU

вторник
lammaffo

среда
roobii

W

TH

четверг
kamisa

FR

пятница
jimaata

суббота
sanbata xiqqaa

SA

SO

воскресенье
sanba quddaa

вчера

kaleessa

сегодня

har'a

завтра

boru

утро

ganama

полдень

guyyaa qixxee

вечер

galgala

рабочие дни

guyyaa hojii

выходные

dhuma forbee

год
waggaa

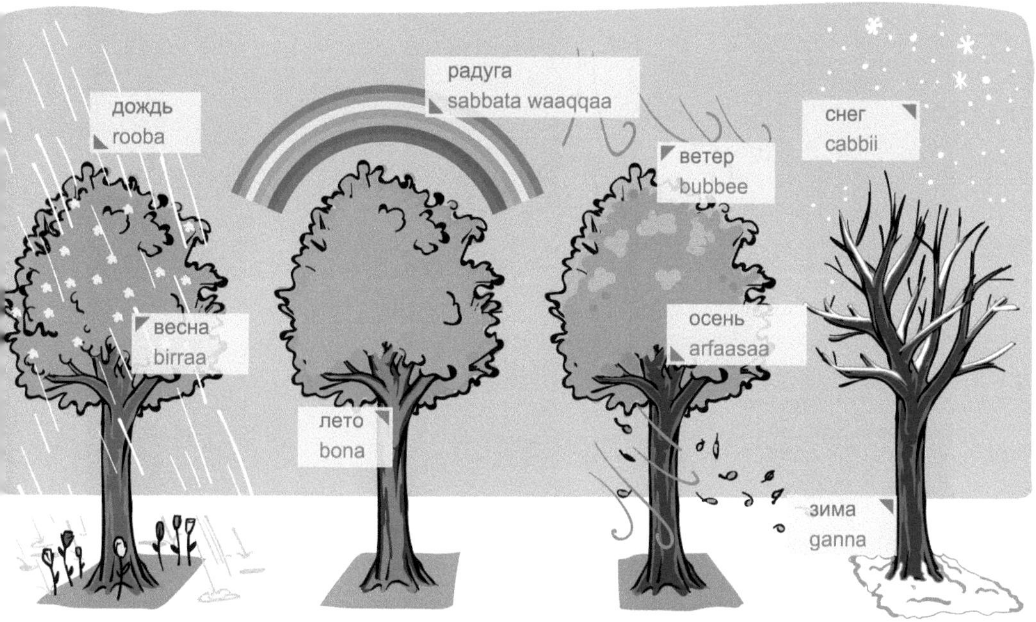

дождь
rooba
радуга
sabbata waaqqaa
ветер
bubbee
снег
cabbii
весна
birraa
осень
arfaasaa
лето
bona
зима
ganna

4.APRIL 11°
5.APRIL 4°
6.APRIL 13°
7.APRIL 8°
8.APRIL 10°

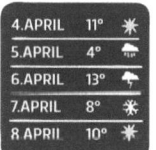

прогноз погоды

raaga haala qileensaa

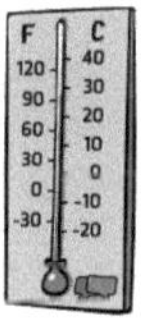

F C
120 40
90 30
60 20
30 10
0 0
-30 -10
-20

термометр

teermoomeetirii

солнечный свет

baha aduu

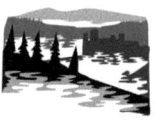

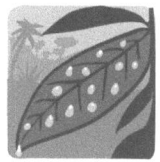

туча

duumessa

туман

hurii

влажность воздуха

jiidha

молния

bakakkaa

гром

balaqqee

буря

dirrisa

град

cabbii

муссон

monsoon

наводнение

lolaa

лёд

cabbie

январь

Amajjii

февраль

Gurraandhala

март

Bitootessa

апрель

Eebila

май

Caamsaa

июнь

Waxabajji

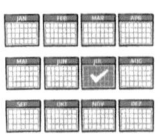

июль

Adooleessa

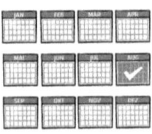

август

Hagayya

сентябрь
....
Fulbaana

октябрь
....
Onkololeessa

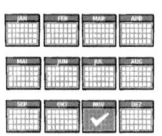

ноябрь
....
Sadaasa

декабрь
....
Muddee

формы
boca

круг
....
geengoo

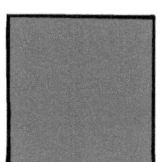

квадрат
....
isqeerii

прямоугольник
....
rog arfee

треугольник
....
rg sadee

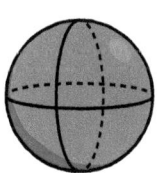

шар
....
molaalee

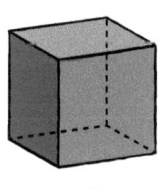

куб
....
kuubii

белый

adii

желтый

boora

оранжевый

keelloo

розовый

boorilee

красный

diimaa

лиловый

bunnii

синий

cuqliisa

зелёный

magariisa

коричневый

magaala

серый

bulee

черный

gurraacha

много / мало

baay'ee / xiqqoo

яростный / мирный

aara / gammachuu

красивый / уродливый

bareeda / fokkuu

начало / конец

calqaba / xumuura

большой / маленький

guddaa / xiqqaa

светлый / темный

ifa / dukkana

брат / сестра

obboleessa / obboleettii

чистый / грязный

qulqulluu / xurii

полный / неполный

xumuuramaa / kan hin
xumuuramin

день / ночь

guyyaa / halkan

мёртвый / живой

du'aa / jiraa

широкий / узкий

bal'aa / dhiphaa

съедобный / несъедобный

kan nyaatamu / kan hin nyaatamne

злой / дружелюбный

badd / gaarii

взволнованный / скучающий

gammachuu / ifannaa

толстый / худой

furdaa / qal'aa

сначала / в конце

calqaba / dhuma

друг / враг

michuu / diina

полный / пустой

guutuu / duwwaa

твёрдый / мягкий

sakoruu / lalllaafaa

тяжёлый / легкий

ulfaataa / salphaa

голод / жажда

beeluu / dheebuu

больной / здоровый

dhukkuba / fayyaa

незаконный / законный

seer malee / seera qabeessa

умный / глупый

gaanfuree / dabeessa

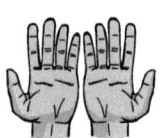

слева / справа

bitaa / mirga

близко / далеко

maddii / fagoo

новый / подержанный

haara'a / moofaa

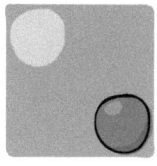

ничто / нечто

homma / waan tokko

старый / молодой

jaarsa / dargaggeessa

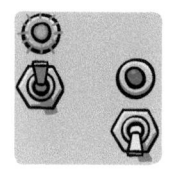

включено / выключено

ibsuu / dhaamsuu

открыто / закрыто

banuu / cufuu

тихо / громко

callisuu / sagalee olkaasuu

богатый / бедный

sooressa / hiyyeessa

правильный /
неправильный
sirrii / dogongora

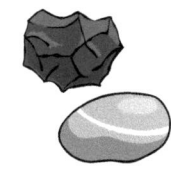

шероховатый / гладкий

sokorruu / lallaafaa

печальный / счастливый

aara / gammachuu

короткий / длинный

dheeraa / gabaabaa

медленный / быстрый

qususaa / collee

мокрый / сухой

jiidhaa / goggogaa

тёплый / прохладный

oo'aa / qorraa

война / мир

lola / nagaa

цифры
lakkoofsota

0

ноль

duwwaa

1

один

tokko

2

два

lama

3

три

sadis

4

четыре

afur

5

пять

shan

6

шесть

jaha

7

семь

torba

8

восемь

saddeet

9

девять

sagal

10

десять

kudhan

11

одиннадцать

kudha tokko

12

двенадцать

kudha lama

13

тринадцать

kudha sadi

14

четырнадцать

kudha afur

15

пятнадцать

kudha shan

16

шестнадцать

kudha jaha

17

семнадцать

kudha torba

18

восемнадцать

kudha saddeet

19

девятнадцать

kudha sagal

20

двадцать

diigdama

100

сто

dhibba

1.000

тысяча

kuma

1.000.000

миллион

maliyoona

английский

Ingiliffa

американский английский

Ingiliffa Ameerikaa

мандаринский китайский

Mandarinii chaayinaa

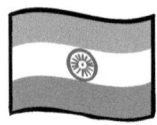

хинди

Afaan Hindii

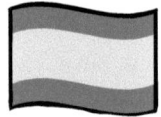

испанский

Afaan Speen

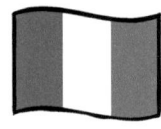

французский

Afaan Faransaay

арабский

Afaan Arabaa

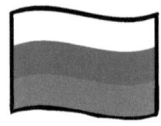

русский

Afaan Raashaa

португальский

Afaan Poortugaal

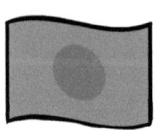

бенгальский

Afaan Beengaal

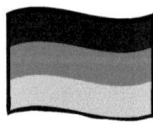

немецкий

Afaan Jarman

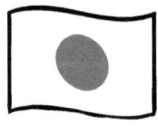

японский

Afaan Jaappaan

я

ana

ты

si

он / она / оно

isa / ishii / isa / wantootaf

мы

nu'ii

вы

isin

они

isan

кто?

eenyuu?

что?

maal?

как?

akkamitti

где?

eessa?

когда?

hoom?

имя

maqaa

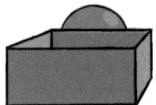

за

duuba

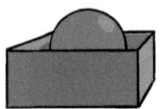

в

keessa

перед

fuldura

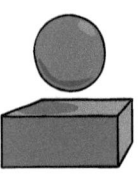

над

irra

на

gubbaa

под

jala

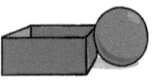

рядом

maddii

между

gidduu

место

bakkee